DIE WELT IST FLACH

Globalisierung und die Mechanismen dahinter

— Zusammenfassung & Analyse —

des Bestsellers von Thomas L. Friedman

DIE WELT IST FLACH

Globalisierung und die Mechanismen dahinter

Zusammenfassung & Analyse

des Bestsellers von Thomas L. Friedman

Verfasst von Myriam M'Barki

Übersetzt von Mareike Lobeck

DIE WELT IST FLACH

GLOBALISIERUNG UND DIE MECHANISMEN DAHINTER

Der rasende technische Fortschritt ermöglicht heutzutage weltweite Zusammenarbeit und internationalen Wettbewerb, wie es sie zuvor in diesem Ausmaß noch nicht gegeben hat. Ohne das Eingreifen der Politik hätte dies zu Wohlstand und außergewöhnliche Kooperationen zwischen Unternehmen, Gemeinschaften und Menschen führen können. Denn Thomas L. Friedman zufolge wird die Welt umso flacher, je weniger internationale Handelsbarrieren es gibt. In diesem Sinne bezieht sich auch der Titel seines Buches *The World is Flat* (*Die Welt ist flach*) bereits auf das Phänomen der Globalisierung.

Während die Vernetzung die einen erfreut, macht sie anderen eher zu schaffen. Die allgemeine weltweite Beschleunigung brachte neue Gewinner hervor, deretwegen der Westen möglicherweise seine Vormachtstellung verlieren könnte. Der Mittelpunkt der Welt verschiebt sich stattdessen Richtung Asien, wo Indien und China seit etwas mehr als 15 Jahren ein außergewöhnliches Wirtschaftswachstum aufweisen. Jedes Jahr bringen diese beiden Länder Millionen neuer Arbeitskräfte mit Elite-Universitätsabschlüssen hervor, die sich während des Studiums mit Leichtigkeit die Vorgehensweisen von Hochtechnologieländern wie den USA oder Großbritannien aneignen konnten. Da Kompetenzen inzwischen von der ganzen Welt geteilt und erworben werden, liegt es im großen Interesse des Westens, seine komplexen Tätigkeiten immer weiter zu perfektionieren und sich auf die Schaffung von Mehrwert zu konzentrieren.

Seit Ende der 1990er Jahren versuchen insbesondere amerikanische Unternehmen, mit allen Mitteln ihre Kosten zu senken und ihre Effizienz zu steigern. In diesem Wirtschaftsumfeld sahen sich viele Unternehmen gezwungen, für Service- oder Assistenzaufgaben günstigere Arbeitskräfte aus dem Ausland in Anspruch zu nehmen. Die anfängliche Auslagerung von niederen Arbeiten in Entwicklungsländer wandelte sich schnell:

Forschung und Entwicklung für Produkte und Dienstleistungen ermöglichen heute (internationalen) Zuarbeitern von großen amerikanischen Unternehmen, selbst verschiedenste Patente auf den Markt zu bringen.

The World is Flat wurde direkt nach Veröffentlichung zu einem großen Erfolg und hat sich weltweit millionenfach verkauft. Dem vielzitierten und bei seinen Lesern äußerst beliebten Bestseller – Tony Blair (britischer Politiker und ehemaliger Premierminister, geboren 1953) gibt ihn beispielsweise als sein Lieblingsbuch an – gelang es mit konkreten Fallbeispielen und kritischen persönlichen Einschätzungen ein etwas zu selbstsicheres Amerika wachzurütteln. 2005, im Jahr seines Erscheinens, wurde das Buch von der *Financial Times* und der Investmentbank *Goldman Sachs* zum *Business Book of the Year* gekürt.

SCHLÜSSELINFORMATIONEN

- **Referenzwerk:** *The World is Flat: A Brief History of the Twenty-first Century*
- **Deutsche Version:** *Die Welt ist flach: Eine kurze Geschichte des 21. Jahrhunderts*

- **Autor:** Thomas L. Friedman; Journalist, Schriftsteller und Kolumnist; geboren 1953 in Saint Louis Park (Minnesota, USA)
- **Erstausgabe:** 2005. Sowohl 2006 als auch 2007 erschienen aktualisierte und bearbeitete Auflagen, in denen der Autor auf die Kritik seiner Leser besonders in Bezug auf Bildung eingeht.
- **Kontext:** amerikanischer Liberalismus
- **Schlüsselwörter:**
  - <u>Globalisierung</u>: Prozess der fortschreitenden weltweiten Vernetzung in Wirtschaft, Finanzen, Umwelt und Kultur. Das Phänomen ist ein Resultat der Marktliberalisierung und betrifft die Annäherung aller Menschen untereinander. Es verläuft weder linear, noch ist es unumkehrbar. So ist das Streben nach einem weltweit verflochtenen (Handels-)Raum kein neues Phänomen, sondern bestand bereits bei den Römern, die ihr ausgedehntes Reich ums Mittelmeer herum ausbauten.
  - <u>Freihandel</u>: Durch die Aufhebung von Handelsschranken freier Verkehr von Produkten, Kapital und Dienstleistungen

innerhalb einer definierten Zone. Freihandel ist ein zentraler Bestandteil der Globalisierung.

- <u>Outsourcing</u>: Auch Auslagerung; bezeichnet die Übertragung gewisser Tätigkeiten eines Unternehmens, die bislang intern ausgeführt wurden, an spezialisierte externe Partner. Das Vorgehen besteht darin, zum niedrigsten Preis die beste Leistung zu finden, die die größte Flexibilität bietet.
- <u>Insourcing</u>: (Wieder-)Eingliederung von Tätigkeiten, die zuvor ausgelagert worden waren, in die internen Geschäftsaktivitäten. Es handelt sich dabei um den umgekehrten Vorgang des Outsourcings. Je nach Kontext können beide Varianten zu einer Kostenreduktion führen.
- <u>Verflachung der Welt</u>: Friedmans Verbildlichung des Annäherungsvorgangs der verschiedenen Teile der Welt, die sich mit Ausbreitung des Freihandels immer stärker ähneln

EINLEITUNG

ZUM AUTOR

Thomas L. Friedman ist ein einflussreicher, erfolgreicher Journalist. Er arbeitet als Korrespondent und Kommentator für die angesehene amerikanische Zeitung *The New York Times* (gegründet 1851) und ist Experte für Geopolitik, Globalisierung und Freihandel. Seine Leidenschaft gilt dem Journalismus und dem Nahen Osten. Friedman wurde bereits mit drei Pulitzer-Preisen ausgezeichnet, zwei davon erhielt er für Kriegsberichterstattungen. Zudem ist er Autor von 6 Bestsellern, darunter das von der Guggenheim Foundation geförderte Buch *From Beirut to Jerusalem*[1] (1989), worin er von seinen Erlebnissen als Journalist im Nahen Osten erzählt, und *Longitudes and Attitudes: Exploring the World After September 11* (2003), das seine Kommentare nach dem Anschlag auf das World Trade Center enthält.

---

1. Deutsche Ausgabe: *Von Beirut nach Jerusalem. Erfahrungen im Nahen Osten*. Heine: München 1994.

Jugend

Friedman wurde 1953 in Saint Louis Park, außerhalb von Minneapolis (Minnesota, USA) in eine wohlhabende, gebildete jüdische Familie geboren. Von klein auf war er begeisterter Sportler und spielte leidenschaftlich Tennis und Golf. Danks seines beflissenen Einsatzes konnte er sich einen Jugendtraum erfüllen, als er eine Zeitlang für den professionellen Golfspieler Chi Chi Rodriguez (geboren 1935) als Caddie arbeitete.

Bis zu seiner Bar Mitzwa besuchte er eine örtliche jüdische Schule. Anschließend wechselte er auf die Highschool in Saint Louis Park, wo er bei der Schulzeitung erste Erfahrungen im Journalismus sammelte. In dieser Zeit bildete sich auch Friedmans Leidenschaft für den Nahen Osten heraus, die seine spätere berufliche Karriere maßgeblich beeinflussen sollte. Nach seinem Abschluss studierte er an der University of Minnesota und der Brandeis University in Massachusetts Mittelmeerstudien und machte 1978 dank eines Stipendiums seinen Master in Nahoststudien an der Oxford University.

LIEBE ZU ISRAEL

Friedmans Eltern haben sicherlich zur Liebe des Autors zu Israel beigetragen, indem sie ihn als Jugendlichen mehrmals ins Ferienlager nach Israel schickten. Während seiner Studienzeit verbrachte Friedman einige Semester im Nahen Osten und besuchte Vorlesungen an der Hebräischen Universität von Jerusalem und der American University in Kairo. So spricht er unter anderem auch Arabisch und Hebräisch.

KARRIERE ALS JOURNALIST

Direkt nach seinem Abschluss wurde Friedman vom Londoner Büro der amerikanischen Presseagentur *United Press International* (gegründet 1907) angestellt. Dank seiner Auslandsaufenthalte während des Studiums wurde er im Jahr darauf nach Beirut entsandt und arbeitete dort bis 1981 als Korrespondent. Anschließend stellte die *New York Times* ihn an, um über den Libanonkrieg 1982 zu berichten. Er blieb in Jerusalem und erstattete so auch über die Erste Intifada Bericht. Für seine Reportage zu diesem Thema erhielt er den Pulitzer-Preis. 1988 kehrte Friedman in die USA zurück. Während der Präsidentschaft von Bill Clinton (eigentlich William Jefferson Clinton, geboren 1946) wurde Friedman neben seiner Tätigkeit als Journalist zudem Korrespondent für das Weiße Haus, bevor er sich schließlich auf internationale Politik und Wirtschaft spezialisierte. Seit 1994 schreibt er für den internationalen Wirtschaftsteil der *New York Times*.

PREISE, TITEL, AUSZEICHNUNGEN

- 1982 und 1983: Pulitzer-Preis und George Polk Award (gemeinsam mit dem *New-York-Times*-Journalisten David K. Shipler, geboren 1942) für die beste internationale Reportage für seine Kriegsberichterstattung über den Libanonkrieg, insbesondere das Massaker von Sabra und Schatila (16.-18. September 1982).
- 1988: Pulitzer-Preis für die beste internationale Reportage für Friedmans Kriegsberichterstattung über die Erste Intifada
- 1989: National Book Award for Nonfiction

für *From Beirut to Jerusalem.*

- 2002: Pulitzer-Preis für den besten Kommentar für seine Analyse der weltweiten Terrorgefahr
- 2004: Preis des Overseas Press Club für sein journalistisches Gesamtwerk
- 2004: Offizierskreuz des Order of the British Empire, verliehen von Queen Elizabeth II (geboren 1926)
- 2005: gewähltes Mitglied im Komitee des Pulitzer-Preises
- 2005: *Financial Times* and *Goldman Sachs* Business Book of the Year Award (heute *Financial Times* and *McKinsey* Business Book of the Year Award) für *Die Welt ist flach.*

POSITIONIERUNG UND ENGAGEMENT

Friedman ist ein engagierter Aktivist und schreibt viel über Globalisierung, internationale Angelegenheiten, internationalen Handel und Umwelt. Er setzt sich unter anderem für eine Kompromisslösung im israelisch-palästinensischen Konflikt und für eine Modernisierung der arabischen Welt ein.

Als überzeugter Verfechter des Freihandels sieht er in der Globalisierung und deren Vernetzungsprozessen das einzige Mittel, die wirtschaftliche Ungleichheit auf der Welt – zwischen Unternehmen, Regierungen sowie Einzelpersonen – zu reduzieren, da sie eine gleichmäßigere Machtverteilung ermöglicht.

Nach den Anschlägen des 11. September 2001 beschäftigt sich Friedman hauptsächlich mit der weltweiten Terrorgefahr und schreibt zahlreiche Artikel über Radikalisierungsaspekte sowie Anwerbungs- und Indoktrinationsmechanismen. Dabei spricht er unter anderem von einem drohenden Dritten Weltkrieg, der Hilfe zur Selbsthilfe, die der Westen den gemäßigten Kräften in den arabisch-muslimischen Staaten bieten sollte, und von den Vorteilen, die ein Beitritt der Türkei der Europäischen Union bringen würde. Zudem ist Friedman ein Befürworter der Irakinvasion 2003 unter der Bush-Regierung und kritisiert einige europäische Länder – vor allem Frankreich – stark dafür, die USA und die internationale Koalition im letzten Golfkrieg

(2003-2011) nicht umfassend unterstützt zu haben.

HINTERGRUND

Friedman kam die Idee zu seinem Buch, als er 2004 für eine Dokumentation über Outsourcing im Informatikbereich für den amerikanischen Fernsehsender *Discovery Times* durch Indien reiste. Nach dem Besuch einiger relevanter Technologiezentren war Friedman überrascht, wie sehr das „indische Silicon Valley", Bangalore, den westlichen Metropolen ähnelt und dass auch hier alle großen, bekannten IT-Unternehmen (*IBM*, *Microsoft*, *GE*, *Reuters*, *Dell*, *HP* etc.) vertreten sind.

Auf dieser ersten Reise entstand bereits der Entwurf zur Metapher von der Verflachung der Welt. Friedman stellte fest, dass die Welt immer einheitlicher wird und dass sich die Länder untereinander immer stärker ähneln. Egal, ob man sich in Tokio, Paris, Bangalore oder Buenos Aires befindet, überall gibt es die gleichen Lebensmittel, die gleiche Musik, die gleiche Kleidung und die gleichen Nachrichten.

Neugierig geworden setzte Friedman seine Reise durch Asien in Japan und China fort, was seinen Eindruck, die Welt sei flach, nur weiter bestätigte. Er erfuhr, dass auch japanische Unternehmen Tätigkeiten nach China auslagern. Während der Westen äußerst gerne nach Bangalore outsourct, ist Dalian im Nordosten Chinas Zentrum für japanische Auslagerung, wo die japanische Kolonialisierung noch immer in Kultur und Sprache nachhallt.

Friedman zog aus seinen Reisen neue Ideen zu den großen Trends der Globalisierung und den Kräften, die diese antreiben. So geht er davon aus, dass heute alles Digitale so weit es geht outgesourct werde, da die Arbeit unabhängig von Ort und Zeit ausgeführt werden kann. Diese Hypothese liegt *The World is Flat: A Brief History of the Twenty-first Century* zugrunde.

Friedman schrieb sein Buch zwei Jahre vor der Finanzkrise, die ab 2007 die Weltwirtschaft erschütterte. Die von ihm beschriebenen Phänomene haben sich seitdem jedoch nur verstärkt und die Aussagen des Autors erscheinen heute wahrer als je zuvor. Gleichzeitig sind diese Aussagen jedoch tief in der amerikanischen, äußerst liberalen Mentalität verwurzelt. Friedmans Buch spiegelt damit authentisch das bisweilen etwas selbstgerechte und stets dominante Amerika wieder, das seine Methoden und sein Wirtschaftsmodell der restlichen Welt aufzwingen will.

ZUSAMMENFASSUNG VON *THE WORLD IS FLAT*

INHALTSANGABE

Der provokative Titel *Die Welt ist flach* will nicht etwa die Kugelform der Erde in Frage stellen, sondern zeichnet das Bild einer Welt, die für den Handel zu einem absolut ebenen Spielfeld mit gleichwertigen Bedingungen für alle Parteien geworden ist. Alle Wissenszentren sind heutzutage miteinander verbunden und bilden dadurch ein einziges weltweites Netzwerk. Tag für Tag werden Machtpyramiden und Kräfteverhältnisse flacher und sorgen damit für mehr Gleichheit zwischen Einzelpersonen, Unternehmen und ganzen Gesellschaften. Der Titel von Friedmans Werk verweist ebenfalls auf die Anpassungen, die Staaten und Unternehmen vornehmen müssen, um auf einem Weltmarkt wettbewerbsfähig zu bleiben, wo historische wie geografische Barrieren immer mehr der Vergangenheit angehören.

Die Verflachung der Welt wurde durch das Zusammentreffen mehrerer Faktoren ausgelöst: das Aufkommen von Computern (1980er Jahre), der Fall der Berliner Mauer (1989) und die Verbreitung von Workflow-Software (Software zur Unterstützung bzw. Automatisierung von Geschäftsprozessen, 1990er Jahre). Der Autor nennt diese Zeit „Globalisierung 3.0" und grenzt sie von den vorhergehenden Perioden ab: der „Globalisierung 1.0" – in der die Hauptakteure Staaten und Regierungen waren, die die Handelsregeln festlegten – und der „Globalisierung 2.0" – in der multinationale Unternehmen den Weg für eine weltweite Vernetzung der Wirtschaft freigemacht haben. Friedman zufolge lief der Globalisierungsprozess in drei großen Phasen ab:

- **Phase 1** umfasst die Zeit von 1492, als mit Christoph Kolumbus (1451-1506) der Handel zwischen Alter und Neuer Welt begann, bis 1800.
- **Phase 2** dauert von 1800 bis 2000 an. In diese Zeit fällt die industrielle Revolution, die Digitale Revolution und die Ausbreitung der westlichen Welt auf den Weltmärkten, die

von der Weltwirtschaftskrise (1929 bis Ende der 1930er Jahre) und den beiden Weltkriegen unterbrochen wird.
- In **Phase 3** (21. Jahrhundert) wird die Welt kleiner und flacher und fördert eine starke Vernetzung zwischen den Ländern und Personen der ganzen Welt.

Friedman ist davon überzeugt, dass inzwischen eine neue Phase der Informationsrevolution begonnen hat. Diese Revolution wird dem Autor zufolge ähnlich große Auswirkungen haben wie beispielsweise die Erfindung des Buchdrucks, der Aufstieg der Nationalstaaten oder auch die industrielle Revolution. Anders als vorhergehende technologische Revolutionen verbreitet sich diese jedoch mit rasender Geschwindigkeit und betrifft wesentlich mehr Menschen gleichzeitig. Je schneller der Übergang zu einer neuen Phase, desto größer ist auch die Wahrscheinlichkeit, dass Probleme auftreten. So führt die plötzliche Veränderung aktuell zu Unsicherheit und Orientierungslosigkeit, gerade in Bezug auf kulturelle Identität.

Die zehn Kräfte, die die Welt einebneten

Friedman zufolge haben zehn Großereignisse der Geschichte des 20. und 21. Jahrhunderts zur Vereinheitlichung der nun flacheren Welt beigetragen. Er nennt sie die zehn „Kräfte, die die Welt einebneten" (S. 69).

1. **Der Fall der Berliner Mauer** (9. November 1989): Die Verbreitung des Computers und die Digitale Revolution ab Anfang der 1980er Jahre verstärkte die unmittelbare Kommunikation durch verschiedene neue Apparate (Fax, Telefon, Computer) und ermöglichte den Unternehmen im Westen, mehr zu produzieren, während sich der Ostblock aufgrund des politisch, gesellschaftlich und wirtschaftlich längst überholten Systems in einer wirtschaftlichen Sackgasse befand. Der Mauerfall symbolisierte den Sieg der Demokratie und des Kapitalismus über den Kommunismus und ermöglichte dadurch die weitere Verbreitung der westlichen Ideologien in der ganzen Welt.

2. **Internet und Webbrowser**: Als das Windows-
und Computerzeitalter Mitte der 1990er Jahre
seinen Höhepunkt erreichte, führten zwei
Innovationen zu einer bahnbrechenden
Erneuerung des Internets und gaben einen ent-
scheidenden Impuls zur weiteren Vernetzung
der Welt. Es handelte sich dabei um das World
Wide Web – wo von da an jeder seine eigene
Internetseite für private oder kommerzielle
Zwecke erstellen kann – und Webbrowser,
dank deren Einsatz von allen entsprechend
vernetzten Computern nach jeglicher Art
von Internetseiten gesucht werden kann. Die
Webbrowser ermöglichen es nun allen, von der
technikbegeisterten Privatpersonen bis hin zu
Großunternehmen, Regierungen und ganzen
Gesellschaften, sich frei im Netz zu bewegen.

DAS WORLD WIDE WEB

Wörtlich übersetzt bedeutet World Wide
Web (www) „weltweites Netz". Es wird
häufig mit „Web" oder „Netz" abgekürzt.
Es handelt sich um ein System von online
abrufbaren Hypertext-Dokumenten, innerhalb dessen mithilfe eines Browsers (*Google*

Chrome, Mozilla Firefox, Internet Explorer, Safari etc.) Webseiten aufgerufen werden können. Das World Wide Web wurde erst einige Jahre nach dem Internet erfunden und machte dieses für die breite Öffentlichkeit zugänglich, was zu einer Demokratisierung des Cyberspace führte. Die beiden Begriffe werden fälschlicherweise häufig synonym gebraucht, dabei handelt es sich beim Web lediglich um eine Anwendung des Internets, genauso wie E-Mails, Chats oder Videokonferenzen.

Das World Wide Web wurde 1991 von dem britischen Forscher Tim Berners-Lee (geboren 1955) entwickelt, der für die *Europäische Organisation für Kernforschung* (CERN) arbeitete und im selben Jahr die erste Internetseite erstellte: http://info.cern.ch. Berners-Lee wollte damit einen Raum schaffen, in dem Wissenschaftler aus der ganzen Welt ihre Studien und Ergebnisse mit der gesamten Wissenschaftsgemeinschaft teilen können, da es zu diesem Zeitpunkt quasi noch keinen Datenaustausch gab. Fünf Jahre nach der Erschaffung des Webs war die Zahl der Internetnutzer schon von ursprünglich etwa 600.000 auf 40 Millionen angestiegen.

3. **Workflow-Software** und die digitale Organisation des Arbeitsablaufs: Es handelt sich dabei um ein Computerprogramm, mit dem in einem Unternehmen automatisch die Arbeitsaufgaben für einen bzw. mehrere Mitarbeiter festgelegt werden können. So lassen sich beispielsweise die einzelnen Stationen bei der Dokumentenbearbeitung darstellen, wobei die beteiligten Mitarbeiter, auszuführenden Tätigkeiten und Fristen angegeben werden. Dadurch können die Arbeitsabläufe in einem Unternehmen enorm vereinfacht werden, indem Prozesse neu strukturiert, Arbeitslast und Ressourcen sinnvoll verteilt und der Fortschritt der Arbeit überwacht werden. Dank der Entwicklung und Verbreitung von Software in den späten 1990er Jahren, die Maschinen untereinander kommunizieren lässt, kann Arbeit unter Unternehmen seitdem auch von einem Kontinent zu einem anderen koordiniert werden. Dies war zuvor nur durch manuellen Austausch von Daten und E-Mails möglich gewesen. Da weder Computer noch Software überall identisch waren, gestaltete sich Kommunikation – selbst innerhalb eines Unternehmens – meist schwierig. Dank der

Digitalen Revolution haben sich die Konzepte von Arbeit und Unternehmen jedoch grundlegend geändert.

4. **Das Hochladen**: Heutzutage ist es einfach, Dokumente oder ganze Ordner einem Netzwerk zur Verfügung zu stellen, ohne dabei über traditionelle Vertriebswege gehen zu müssen. Dieser Vorgang wird „Hochladen" (upload) genannt und hat die Beschaffung und Verbreitung von Informationen radikal erneuert. Die Verbreitung liegt nun nicht mehr in professioneller Hand, stattdessen kann jede Einzelperson vom Konsumenten zum Produzenten werden. Dieses Phänomen stellt eine der revolutionärsten Formen der Gemeinschaftsarbeit dar. Zu den bekanntesten gehören:

- gemeinschaftlich entwickelte Open-Source-Software, meist gratis und für alle zugänglich (wie die freie Office-Suite *Open Office*)
- von Privatpersonen erstellte Blogs, die online der ganzen Welt Daten unterschiedlicher Art zur Verfügung stellen (Lieder, Gedichte, Gemälde, Filme, Konzepte etc.)

- *Wikipedia*, die von Milliarden Besuchern genutzte und von ihren Nutzern selbst geschriebene und konstant aktuell gehaltene Online-Enzyklopädie

5. **Outsourcing**: Dieses Phänomen ist für alle westlichen Unternehmen, die nach mehr Produktivität und Rentabilität streben, äußerst vorteilhaft. Bei der Einführung des World Wide Web haben einige amerikanische Unternehmen die Ausstattung von Entwicklungsländern mit Satelliten und Glasfaserkabeln direkt finanziert und so deren internationale Vernetzung ermöglicht. Dies beendete den indischen Brain-Drain, die gut ausgebildete Bevölkerung verließ nicht mehr das Land, sondern wurde lokal von amerikanischen Unternehmen angestellt. Diese realisierten so enorme Lohneinsparungen und werteten ihre Produktionsketten auf, die dank der Zeitverschiebung nun 24 Stunden am Tag aktiv sein konnten.
6. **Offshoring**: Seit den 1980er Jahren sind viele Investoren – allen voran im Ausland ansässige Chinesen, denen es nicht gelang, ihre Produkte dort zu verkaufen – dazu übergangen, diszip-

linierte chinesische Arbeitskräfte anzustellen, um ihre Produkte kostengünstig zu fertigen und anschließend im Ausland zu vertreiben. Dieses Vorgehen entsprach ganz dem Wunsch der damaligen chinesischen Regierung, ausländische Unternehmen anzulocken und aus China einen besonders attraktiven Produktionsstandort zu machen. Als auch andere Sektoren ihre Produktion verlagerten, wurde dieses Vorgehen schnell zum Standard für zahlreiche Unternehmen, die nun auf der Suche nach der Region mit den rentabelsten Produktionskosten waren. Mit Chinas Eintritt in die Welthandelsorganisation (WTO) im Jahr 2001 garantierte das Land den ausländischen Unternehmen künftig internationales Recht in Bezug auf Handelspraktiken einzuhalten. Diese konnten sich nun quasi überall in China niederlassen und von den finanziellen Vorteilen profitieren.

7. Globale Wertschöpfungsketten: **Hierbei** handelt es sich um die weltweite Zusammenarbeit aller Beteiligten eines Unternehmens (Zulieferer, Einzelhändler und Kunden), die zu Wertschöpfung und Kosteneinsparungen führt. Je optimierter und größer Beschaffungs-

ketten sind, desto mehr zwingen sie Unternehmen dazu, gemeinsame Standards anzunehmen, um länderspezifische Unterschiede zu vermeiden. Die immer stärkere Vernetzung der Welt führt auch dazu, dass die besonders vorteilhafte Beschaffungspolitik eines Unternehmens systematisch von anderen imitiert wird, da mit der modernen Technologie Industriegeheimnisse kaum noch möglich sind.

8. **Insourcing**: Dieses Phänomen ist mit dem 7. Faktor verbunden: Hier geht es um Vermittler, die beispielsweise After-Sales-Services (Reparatur/Hilfe) für eine bestimmte Marke übernehmen, wodurch die Wartezeiten im Vergleich zu einer externen Logistikleistung kürzer sind. Unternehmen können professionelle Berater direkt ins Unternehmen integrieren und dort etwa die Beschaffungskette übernehmen lassen.

9. **Selbstinformation**: Dank Suchmaschinen wie *Google*, die immer umfangreichere Möglichkeiten bieten, das Wissen der Welt in allen Sprachen zugänglich zu machen, steht im Internet ein quasi unerschöpflicher Informationsvorrat bereit. Dementsprechend

ist es heutzutage nicht mehr notwendig, das Haus zu verlassen, um gleichgesinnte Menschen zu treffen, in die Bibliothek zu gehen, um sich zu informieren, oder ins Kino zu gehen, um einen Film zu gucken.

10. **Die „Steroide"**: Dieser letzte Einebnungsfaktor ist Friedman zufolge eine Kombination aus bestimmten neuen Technologien, die – wie Steroide – die Auswirkungen anderer Faktoren verstärken. Dazu gehören:

- Mittel zur Datenspeicherung und -übertragung wie z. B. Chips auf Festplatten. Diese sind enorm wichtig, da sie dem immer schnelleren Digitalisieren, Komprimieren und Übertragen von immer größeren Datenvolumina dienen.
- Teilen von Dokumenten in einer Peer-to-Peer Connection (Rechner-Rechner-Verbindung), die zwei Personen ermöglicht, auf ihrem jeweiligen Computer gespeicherte Daten miteinander zu teilen.
- Internettelefonie wie VoIP (Voice over Internet Protocol) und Instant Messaging (z. B. *Skype*).

○ generell alle neuen mobilen Technologien, die zu einer langfristig vollständigen Verflachung des Planeten führen, da sie unabhängig von Ort und Gerät genutzt werden können.

Erfolg in einer offenen und flachen Welt

Anders als noch im vergangenen Jahrhundert muss heute jeder ein bisschen härter arbeiten und anderen immer einen Schritt voraus sein, um seine beruflichen Ziele zu erreichen. Um wettbewerbsfähig zu bleiben, sind dem Autor zufolge die folgenden Eigenschaften notwendig: Einfallsreichtum, Motivation, ein gutes Verständnis der menschlichen Komplexität und eine gut ausgebildete rechte Gehirnhälfte (wo Instinkt, Emotionen, Kunstverständnis, Kreativität, allgemeine Auffassungsgabe und ein gewisser Sinn für Kontextualisierung verortet sind). Am erfolgreichsten seien die Personen, die ausgesprochen kreativ, wissbegierig und analytisch sind und gut mit Menschen umgehen können – eine Eigenschaft, die die Zusammenarbeit mit anderen erheblich erleichtert. So kann man die besten Unternehmen daran erkennen, dass sie so viel wie möglich mit anderen kooperieren und outsourcen. Der Grund dafür ist ganz einfach, dass die Kompetenzbereiche heute dermaßen komplex sind, dass Unternehmen sie unmöglich komplett selbst beherrschen können. Durch Outsourcing kann so an Personalkosten gespart werden, um stattdessen mehr Experten anzustellen.

Risiken einer Welt ohne Handelsbarrieren und mögliche Lösungswege

Friedman betont, dass die Verflachung der Welt für westliche Gesellschaften generell positiv ist und sie keinesfalls Outsourcing und Offshoring verbieten sollten, um ihre Wirtschaft zu schützen. Die westlichen Länder sollten vielmehr den kontraproduktiven Protektionismus aufgeben, stattdessen Freihandel ermöglichen und eine Strategie verfolgen, die allen Bürgern gleiche Chancen bietet. Dazu sollte ebenfalls der Weltmarkt geöffnet werden, um noch mehr Länder in die Globalisierung einzubeziehen, was die Nachfrage nach Produkten und Dienstleistungen erhöhen, technische

Innovationen fördern und Massenarbeitslosigkeit bekämpfen würde.

Globalisierungsgegner stimmen dem jedoch nicht zu und warnen, dass sich Entwicklungsländer vielmehr auf eine Abnahme von Lebensstandard und Kaufkraft einstellen sollten, wenn sie bestimmte Jobs nicht vor der Konkurrenz schützen können.

Um gegen eine Wirtschaftskrise in einer verflachten Welt anzukämpfen, sollte der Westen laut Friedman insbesondere die beruflichen Qualifikationen seiner Bevölkerung auffrischen, um den neuen Anforderungen der Unternehmen gerecht zu werden. So könnten dem Autor zufolge Outsourcing und Offshoring vermieden werden. Aufgrund des steigenden Desinteresses für Naturwissenschaften (Informatik, Ingenieurwissenschaften, Physik, Chemie) und des Nachwuchsmangels in diesem Bereich sei es beispielsweise sinnvoll, die Jugend für naturwissenschaftliche Berufe zu sensibilisieren. Friedman kritisiert zudem, dass die USA keine Nachwuchstalente mehr ins Land lassen (aus Sicherheitsgründen begrenzte Immigration), Unternehmen ausländische Märkte immer attraktiver finden und junge Amerikaner nicht mehr ausgebildet werden, um entstehende Lücken zu schließen. Diese Schwächung eines Landes von innen heraus nennt der Autor „stille Krise".

Auf die industrielle Ära und die digitale Ära folgt nun die Ära des Talents: Die entsprechende Technologie steht heute fast der gesamten Weltbevölkerung zur Verfügung, Wissen und Kompetenzen werden miteinander geteilt. Gewinner sind dabei die Länder, die am meisten Talente anziehen und die Zukunft mithilfe neuer Handelszweige neu erfinden können, so wie es Amerika in der Vergangenheit gelungen ist.

Um langfristig wettbewerbsfähig zu bleiben, sollten Regierungen zudem Steuererleichterungsmaßnahmen treffen, um Arbeitsplätze zu schaffen und Arbeitslosigkeit zu bekämpfen. Der Autor spricht hier außerdem an, Jobwechsel zu erleichtern, Arbeitgeber von Renten- und Krankenversicherungsbeiträgen für ihre Angestellten zu befreien und das Engagement der Mitarbeiter zu fördern.

Entwicklungsländer

Obwohl sie einen wachsenden Platz auf dem Weltmarkt einnehmen, müssen Entwicklungsländer meist erst noch die nötigen Bedingungen bezüglich Infrastruktur und Verfügbarkeit leistungsstarker Technologie schaffen, damit auch ihre eigenen Bürger zu Unternehmensgründern werden können. Auch diese Länder sollten ihre Rechtsrahmen und Steuerpolitik so überarbeiten, dass Kapital für produktivere Verwendung einfacher verfügbar ist. Beispielsweise dauert eine Unternehmensgründung in Australien zwei Tage, während dies in der Demokratischen Republik Kongo 215 Tage in Anspruch nimmt.

Um in einer flachen Welt erfolgreich zu sein und vor allem die Armut zu überwinden, müssen eindeutige und radikale Reformen eingeleitet werden, z. B. im Schul- und Ausbildungssystem – um über qualifizierte und flexible Arbeitskräfte verfügen zu können. Ferner gilt es, das sozialistische Gesellschaftsmodell zu verlassen und das Regierungssystem für den Eintritt in einen offenen, flachen und wettbewerbsgesteuerten Markt zu überarbeiten. Der Erfolg liegt demzufolge in der Fähigkeit einer Gesellschaft, im Namen des Wirtschaftswachstums Opfer zu bringen, sowie in der Präsenz starker Führungspersönlichkeiten, die für eine bessere Zukunft notwendige Veränderungen durchsetzen.

REZEPTION

Befürworter

Insgesamt ist das Buch sehr umfassend, gut strukturiert und enthält viele Belege für den vertretenen Ansatz. Zudem hat das Buch auch heute noch Gültigkeit, da die besprochenen Aspekte nach wie vor aktuell sind, obwohl *The World is Flat* bereits über zehn Jahre alt ist. Der Autor erläutert darin aufbauend auf seinen weltweiten Untersuchungen, welche Hauptfaktoren seiner Meinung nach zu den heutigen Gesellschafts-, Politik- und Wirtschaftssystemen geführt haben. So interviewte er diverse Akteure des Arbeitsmarkts (Unternehmensführer, Angestellte der Technikbranche, Politiker etc.) und sammelte zahlreiche Erfahrungsberichte, auf denen er in der Folge seine Theorie zur Verflachung der Welt aufbaute. Friedman gibt sich jedoch nicht mit einer einfachen Tatsachenanalyse zufrieden, sondern riskiert (darüber hinaus), Änderungsvorschläge zu machen, wie sowohl Privatpersonen als auch Gemeinschaften in einer offenen und flachen Welt erfolgreich sein können.

The World is Flat wurde zu einem Bestseller und von der Öffentlichkeit ebenso wie von der Kritik begeistert aufgenommen. Zudem beschränkt sich der Erfolg nicht nur auf die USA – auch in Europa und China (wo das Buch jedoch teilweise zensiert wurde) ist das Werk sehr erfolgreich. Friedmans Standpunkte zu Globalisierung und Freihandel folgen dem Trend der amerikanischen Wirtschaftspolitik und genießen daher breiten Konsens. Auch deshalb wird Friedman von den amerikanischen Medien als einer der besten Politik- und Wirtschaftsjournalisten seiner Zeit gefeiert. Zudem schränkt dies die negative Kritik ein, da Friedmans Meinung vom Großteil der amerikanischen Bevölkerung geteilt und unterstützt wird.

Warren Bass von der *Washington Post* beschrieb das Werk als „fesselnde Reise durch die Flache Welt"[1] und „packende Lektüre". Bass erklärt:

---

1. Bass, Warren: „The Great Leveling". In: *The Washington Post* (03.04.2005). Übersetzt für 50Minuten.de

„Wir wissen nicht wirklich, wie die Geschichte des 21. Jahrhunderts aussehen wird. Dieses enorm inspirierende Buch wird jedoch mit Sicherheit seine Leser dazu bringen, sich ihre Gedanken dazu zu machen." Während Bass Friedmans wie gewöhnlich scharfsinnige Analyse lobt, ebenso wie seine natürliche Gabe, die Haupttendenzen der heutigen Wirtschaft zu beschreiben, ist der Journalist dennoch der Meinung, dass die Globalisierung kein so neues Wirtschaftskonzept ist, wie Friedman es darstellt.

Gegenstimmen

Friedmans Buch über Globalisierung rief allerdings auch negative Kritik hervor, insbesondere bei Journalisten und Wirtschaftswissenschaftlern, die einen antiliberalen Ansatz vertreten.

- Der amerikanische Journalist und Aktivist David Sirota (geboren 1975), ein überzeugter Verfechter des Protektionismus, übte in einem im *San Francisco Chronicle* (1865 gegründete Tageszeitung) erschienenen Artikel öffentlich Kritik an Friedmans Standpunkt bezüglich der Vorteile, die eine vollständige Verflachung

der Welt mit sich bringen würde. Sirota be-
fürwortet vielmehr die Wiedererrichtung von
wirtschaftlichen Grenzen und den Schutz von
fairem Handel. Er vertritt die Meinung, dass
die amerikanische Regierung bei wirtschaftlichen Entscheidungen ihre Souveränität
zurückfordern solle.

- Der promovierte Wirtschaftswissenschaftler
  und Essayist Pankaj Ghemawat (geboren 1959)
  formuliert seine Kritik in einem 2007 in der amerikanischen Zeitschrift *Foreign Policy* erschienenen Artikel. Dort erklärt er, dass Friedman
  beim Ausmaß der Globalisierung stark über-
  trieben habe, da 90 % der Telefongespräche,
  der Online-Datenübertragung und der
  Investitionen lokal stattfänden. Das bedeutet,
  dass nur ein Bruchteil dessen, was gemeinhin
  als Globalisierung betrachtet wird, tatsächlich
  bestehe.

- Der amerikanische Wirtschaftswissenschaftler
  Edward S. Herman (geboren 1925) nennt
  Friedman einen perfekten Vertreter des
  Establishments. Herman wirft Friedman vor,
  seinen Einfluss auf die Medien auszunutzen,
  um seine eigene Machtstellung zu festigen,
  tief im Innern jedoch eine rassistische und

antidemokratische Ideologie zu vertreten und den amerikanischen Expansionismus und Imperialismus geflissentlich zu übersehen.

- John Gray, ehemaliger Professor an der London School of Economics and Political Science, schrieb einen Artikel mit dem Titel „The World is Round". In diesem bestätigt er zwar Friedmans Aussage, dass Globalisierung die Welt voneinander abhängiger mache und – im Falle von einigen Regionen – auch reicher. Er weist jedoch zurück, dass Globalisierung zu mehr Frieden und Freiheit führe. Gray hebt vielmehr die Doppeldeutigkeit des Bildes einer Verflachung der Welt hervor, das verwendet wurde, um die Auswirkungen der digitalen Technologien auf die Welt zu beschreiben – und das Friedman nun ebenfalls für eine potenzielle internationale Angleichung der politischen Systeme nutzt (in seinem Buch nennt er dies die „Theorie der Konfliktvermeidung"). Friedman nimmt an, dass ein weltweiter Zusammenschluss in Wirtschaft und Handel einige Länder davon abhalten könne, Krieg miteinander zu führen, da sie sich über die Beschaffungskette quasi eine Marktwirtschaft teilen. Gray widerspricht dem jedoch und hält solche geopolitischen Spekulationen für zu stark vereinfacht und auf unrealistische Weise optimistisch.

- Einige Kritiker merken ebenfalls an, dass das Buch zu einseitig geschrieben und direktes Zeugnis der amerikanischen Weltsicht sei. Sie kritisieren ebenfalls die auffällige Übereinstimmung zwischen dem Meinungsstandpunkt der *New York Times* und dem des Autors (der dort seit 1981 angestellt ist) und hätten sich eine persönlichere Haltung gewünscht.
- Gerade Geografen, insbesondere Harm de Blij (geboren 1935), kritisieren Friedmans Buch. Sie zeigen, dass sich Globalisierung unterschiedlich stark auswirkt und das Leben der Menschen noch zu sehr beeinflusst, indem sie unausgeglichene Abhängigkeitsbeziehungen zwischen dominierten und dominierenden Ländern entstehen lässt.

Trotz dieser Schwächen bietet *The World is Flat* eine hervorragende Lektüre, da das Buch nicht nur sehr gut geschrieben ist, sondern auch einen neuen, analytischen Blick auf die Welt zu Beginn des 21. Jahrhunderts wirft.

ÄHNLICHE ANSÄTZE

Andere einflussreiche Wirtschaftswissenschaftler, Meinungsführer und Erfolgsautoren haben sich ebenfalls gründlich mit den Themen Globalisierung, Freihandel und Außenhandel beschäftigt:

- Der Wirtschaftswissenschaftler, Wirtschaftsnobelpreisträger (2008) und Journalist für die *New York Times* Paul Krugman bewies die positiven Auswirkungen von Skaleneffekten (Senkung der Stückkosten eines Produkts für ein Unternehmen durch Erhöhung der Produktionsmenge) auf den Außenhandel.
- Der amerikanische Wirtschaftsprofessor an der University of California, Berkeley, Forscher und ehemaliger Stellvertreter des US-Finanzministers James Bradford De Long (geboren 1960) beschreibt den beachtlichen Einfluss neuer Technologien auf die Entwicklung des Neoliberalismus und der Globalisierung. Er beschäftigt sich ebenfalls mit der Geschichte der Wirtschaftswissenschaften und ist Mitherausgeber der jährlichen Ausgabe von *The Economists' Voice*.

- Der Wirtschaftsnobelpreisträger (1976) und Berater des ehemaligen amerikanischen Präsidenten Richard Nixon (1913-1994) Milton Friedman (1912-2006) ist überzeugter Verfechter des Liberalismus und mutmaßlich einer der einflussreichsten Wirtschaftswissenschaftler des 20. Jahrhunderts. In seinen Büchern, darunter *Capitalism and Freedom*[2] (1962), beweist er, dass der Markt bei Freihandel anderen System überlegen ist und entwickelt eine Theorie, nach der lediglich eine Verringerung der staatlichen Einflussnahme auf die Wirtschaft zu wirtschaftlicher Freiheit führen kann.

---

2. Auf Deutsch erschienen als: *Kapitalismus und Freiheit*. Piper: München/Zürich 2004.

ZUSAMMENGEFASST

- Friedman ist ein Meinungsführer mit einem gewissen Einfluss auf die amerikanischen Medien. Er genießt umfangreiche Sichtbarkeit bei der Veröffentlichung seiner Bücher und quasi totale Immunität hinsichtlich Zensur, weswegen er von einem Großteil der amerikanischen Gesellschaft wahrgenommen, gehört und gelesen wird. Friedman beriet den ehemaligen saudischen König Abdullah ibn Abd al-Aziz (1924-2015) während seiner Amtszeit zu diplomatischen Beziehungen zwischen den USA und Saudi-Arabien. Heute ist Friedman noch immer als Journalist tätig und schrieb unter anderem über die Flüchtlingskrise in Europa.
- Der Fall der Berliner Mauer 1989, Sinnbild des Niedergangs der Sowjetunion, öffnet ein neues Kapitel der Menschheitsgeschichte: Der Kommunismus bricht in sich zusammen, der Kapitalismus triumphiert, die Grenzen fallen, der Markt des Freihandels wächst und der digitale Aufschwung verändert die Welt.

Das politische Ereignis führt so dazu, dass der Großteil der Welt mit dem Liberalismus eine neue wirtschaftliche Richtung einschlägt.

- Je stärker die Menschen miteinander vernetzt sind, desto flacher wird die Welt (so gibt es bereits an die 3 Milliarden digitaler Arbeitskräfte weltweit). Der Autor listet zehn Faktoren auf, die zur Verflachung der Welt beigetragen haben. Deren Auswirkungen sind allesamt Teil der technologischen Revolution, untereinander verknüpft und bilden dabei bereits ein weltweites Netz, das sich noch weiter ausbreiten wird, sobald tatsächlich alle Menschen Internetzugriff haben. Diese Entwicklung führt bei Privatpersonen und Unternehmen gleichzeitig zu einer Verschiebung von Kompetenzen und Arbeitsweisen.

- Seit etwa 20 Jahren versuchen Unternehmen, mit allen Mitteln Kosten zu reduzieren und ihre Effizienz zu steigern, was Strategien wie Outsourcing und Offshoring hervorgebracht hat. Neu dabei ist, dass die Arbeit dank gefallener Handelsschranken und effizienter Technik nun unabhängig von Ort und Zeit ausgeführt werden kann. Neben Unternehmen können sich so auch Einzelpersonen an Anbieter in der gesamten Welt wenden, um Dienstleistungen wie Online-Sprachkurse, Steuererklärungen, Programmieren, Webseiten-Erstellung, Blogbeiträge und digitale Zeitschriften in Anspruch zu nehmen. Diese Dienstleistungen sind in der Regel preiswerter als im Land des Auftraggebers, wodurch eine neue weltweite Plattform für die unterschiedlichsten Arten von Kooperationen entsteht.

- Das immer umfangreichere Verlagern von Arbeitsplätzen ins Ausland (*Forrester Research* zufolge waren es 2015 mehr als 3 Millionen) führt im Westen zu wachsender Arbeitslosigkeit, gerade unter Jugendlichen. Dies macht insbesondere den Eltern Angst, die sich um die beruflichen Aussichten ihrer Kinder sorgen. Die von der Krise betroffenen Länder sollten daher einen neuen Weg einschlagen und ihre Jugend für die Berufe der Zukunft qualifizieren.

- Vor dem Hintergrund der sich rasend schnell entwickelnden chinesischen und indischen Wirtschaft sollten die USA und Europa neue Handelsmodelle entwickeln, die ihnen ermöglichen, vom Wachstum der beiden Länder zu profitieren und negative Konsequenzen abzuwehren. Indien und China sind weit davon entfernt, lediglich als asiatische Zulieferer zu dienen und nur einfache Tätigkeiten auszuführen, sondern sind längst selbst zu zwei Innovationsmotoren mit wachsendem Einfluss geworden.

- Als überzeugter Verfechter des Freihandels und der Globalisierung übt Friedman scharfe Kritik an Gesellschaften, die sich diesem Rhythmus nicht anpassen. Durch die exzellent ausgebildeten und hochqualifizierten jungen Arbeitskräfte aus den Entwicklungsländern sei dieser jedoch besonders hoch. Friedman zufolge spielen Entwicklungsländer eine immer wichtigere Rolle in der Weltwirtschaft und können dem Markt heute ihre eigenen Regeln und Methoden vorschreiben, wie es zuvor die USA und Europa getan haben.
- Friedman zufolge senkt Globalisierung soziale Ungleichheit, da sie zur weltweiten Armutsbekämpfung beiträgt. Technische Innovationen haben die Machtpyramide verflacht und ermöglichen heute unterschiedslos jedem, ob beruflich oder privat, mit Dienstleistungen aller Art in Wettbewerb zu treten.

Ihre Meinung ist uns wichtig!
Hinterlassen Sie doch einen Kommentar auf der
Seite unserer Online-Buchhandlung
und teilen Sie Ihre Favoriten in den sozialen
Netzwerken!

DARÜBER HINAUS

LITERATURVERZEICHNIS

- Bari Atwan, Abdel: „Friedman veut compromettre le roi d'Arabie". *The International Solidarity Movement*. (26.03.2007). http://www.ism-france.org/analyses/Friedman-veut-compromettre-le-roi-d-Arabie-article-6525 (01.10.2018).

- Bass, Warren: „The Great Leveling". In: *The Washington Post* (03.04.2005). https://www.washingtonpost.com/ (01.10.2018).

- Brunel, Sylvie: „Qu'est-ce que la mondialisation?" In: *Sciences Humaines*. (März 2015). http://www.scienceshumaines.com/ qu-est-ce-que-la-mondialisation_fr_15307.html (01.10.2018).

- Chol, Éric: „Thomas Friedman". In: *L'Express*. (09.11.2006). http://www.lexpress.fr/culture/livre/thomas-frie-dman_821709.html (01.10.2018).

- Demeure, Yohan: „Fiche de lecture ‚La Terre est plate' de Thomas Friedman (Mondialisation)." *Youscribe*. (Dezember 2013). http://www.youscribe.com/catalogue/livres/ litterature/fiche-de-lecture-la-terre-est-plate-de-thomas-friedman-2375826 (01.10.2018).

- Friedman, Thomas L.: *Die Welt ist flach. Eine kurze Geschichte des 21. Jahrhunderts*. Aus dem Amerikanischen von Michael Bayer, Hans Freundl, Ekkehard Knörer und Thomas Pfeiffer. Suhrkamp: Frankfurt/Main 2006.

- Goossens, Marc: „The World Is Hot, Flat and Crowded. Analyse critique des deux best-sellers de Thomas L. Friedman." *Société Européenne des Ingénieurs et des Industriels*. (Mai 2010). http://www.seii.org/seii/documents_seii/archives/Hotflatandcrowded.pdf (01.10.2018).

- Gray, John: „The World Is Round". In: *The New York Review of Books* 52 (13.08.2005). https://www.nybooks.com/articles/2005/08/11/the-world-is-round/ (01.10.2018).

- *Perspective Monde*: „Libre-échange, brève définition." Definition in der französischsprachigen Datenbank. http://perspective.usherbrooke.ca/bilan/servlet/BMDictionnaire?iddictionnaire=1693 (01.10.2018).

- *Thomaslfriedman.com*: „Thomas L. Friedman Official Biography." Offizielle Biografie auf Englisch. http://www.thomaslfriedman.com/official-bio/ (01.10.2018).

WEITERFÜHRENDE LITERATUR

- Vom selben Autor:

  Von Beirut nach Jerusalem. Erfahrungen im Nahen Osten. Heyne: München 1994.
  Globalisierung verstehen. Zwischen Marktplatz und Weltmarkt. Ullstein: Berlin 1999.
  Was zu tun ist. Eine Agenda für das 21. Jahrhundert. Suhrkamp: Frankfurt 2009.

- De Long, James Bradford: „The Triumph of Monetarism?" In: *Journal of Economics Perspectives* 14(1 Winter 2000). S. 83-94. http://www.jstor.org/stable/2647052?seq=1 (01.10.2018).

- Friedman, Milton: *Kapitalismus und Freiheit.* Piper: München/Zürich 2004.

NOCH NICHT GENUG?

- *Inside Job.* Dokumentarfilm von Charles H. Ferguson. USA 2010.

- Let's Make Money. Dokumentarfilm von Erwin Wagenhofer. Österreich 2009.

- The Corporation. Dokumentarfilm von Jennifer Abbott und Mark Ashbar. Kanada 2003.

www.50Minuten.de

ISBN digitale Ausgabe: 9782808009966

ISBN gedruckte Ausgabe: 9782808015790

Pflichtexemplar: D/2018/12603/548

Cover: © Plurilingua

Digitale Aufbereitung: Primento, der digitale Partner der Herausgeber